Leanbh Nua

Leanbh Nua
Cóipcheart
2013 © Cló Mhaigh Eo
ISBN 978-1-899922-96-3
Údar: Carmel Uí Cheallaigh
Ealaín: Olivia Golden
Charles & Ellen O'Shea a rinne an líníocht chlúdaigh taobh istigh.
Dearadh: Ray McDonnell

Foilsithe ag Cló Mhaigh Eo,
Clár Chlainne Mhuiris,
Co. Mhaigh Eo, Éire.
www.leabhar.com
Fón: 094-9371744 / 086-8859407
eolas@leabhar.com

Clóbhuailte in Éirinn ag Clódóirí CL Teo.,
Casla, Co. na Gaillimhe

Aithníonn Cló Mhaigh Eo tacaíocht
Fhoras na Gaeilge i bhfoilsiú an leabhair seo.

Foras na Gaeilge

Leanbh Nua

Carmel Uí Cheallaigh & Olivia Golden

CLÓ MHAIGH EO

Do mo dheirfiúr dhílis, Marian Mellett

Seo í Mairéad. Tá sí ceithre bliana d'aois.

Cónaíonn sí lena Mamaí agus a Daidí.

"A Mhairéad, is cailín mór thú anois. Is gearr go mbeidh tú ag dul ar scoil," a deir Mamaí, "agus ina dhiaidh sin beidh duine nua ag teacht chun cónaithe linn.

Beidh deartháirín nó deirfiúirín nua agat."

Tá sceitimíní ar Mhairéad.

"Go hiontach," a deir sí, "go hiontach ar fad!"

"Scoil nua. . . cairde nua. . . báibín nua!"

An lá dár gcionn téann Mamaí agus Mairéad
ag siopadóireacht.

Ar dtús ceannaíonn siad mála scoile nua agus
bosca lóin do Mhairéad.

Ansin ceannaíonn siad cliabhán álainn don leanbh
atá ag teacht.

Ar a mbealach abhaile stopann siad ag caife.

Dé Satharn dúisíonn Mairéad go moch.

Síos an staighre léi go dtí an chistin.

"Cá bhfuil Mamaí agus Daidí?" a fhiafraíonn
sí de Mhamó.

"Tá siad san ospidéal, a stóirín," arsa Mamó,
"uaireanta tagann leanaí nua go luath!"

Tosaíonn Mairéad ag gol.

"Ach scoil nua agus ansin leanbh nua –
sin a dúirt Mamaí" ar sí.

Tá cliabhán beag in aice le leaba Mhamaí.

Istigh ann tá leanbh beag bídeach agus gruaig dhubh air.

"Féach do dheartháirín nua, a Mhairéad," arsa Daidí.

"Tá sé díreach cosúil leatsa, a Mhairéad nuair a tháinig tú chugainn an chéad lá," a deir Mamó.

"Cad is ainm dó?" a deir Mairéad.

"Cormac," arsa Mamaí.

Tá Cormac ina dhúiseacht anois.

"Ar mhaith leat é a thógáil i do bhaclainn?"
arsa Mamaí.

Nach í Mairéad atá bródúil aisti féin.

Beireann Mamaí barróg mhór uirthi.

"Agus beidh mo stóirín ag dul ar scoil amárach.
Ní bheidh mé in ann dul leat, a thaisce. Tháinig do
dheartháirín gan choinne, ach ní fada go mbeidh
mé féin agus an báibín ag dul leat," ar sí.

Tá pus ar Mhairéad.

Is é seo a céad lá ar scoil mhór agus tá Mamaí san ospidéal go fóill.

"Teastaíonn uaim gurb í Mamaí a thabharfaidh chuig an scoil mhór mé" arsa sí.

Buaileann siad le Bean Uí Mhóráin, múinteoir nua Mhairéad.

Insíonn Daidí di faoi Chormac.

"Beidh Mamaí anseo amárach," a deir sé.

Tá Mairéad an-ghnóthach sa scoil mhór.

Déanann sí roinnt scríbhneoireachta agus ansin
déanann sí pictiúr.

Ansin tá sé in am sosa.

Tar éis an tsosa, cuireann na páistí a mbróga spóirt orthu.

Téann siad amach sa chlós ag spraoi.

"Nach iontach í an scoil mhór,"
a chanann Mairéad.

"Tá sé in am an seomra a ghlanadh anois,"
arsa Bean Uí Mhóráin.

Cabhraíonn na páistí go léir chun na pinn luaidhe a chur isteach sna boscaí, na boscaí péinte a chur isteach sa chófra agus na boscaí lóin a chur sna málaí scoile.

"Go hiontach ar fad," arsa Bean Uí Mhóráin.

"Anois léifidh mé scéal daoibh."

Suíonn na páistí timpeall i gciorcal.

Tosaíonn Bean Uí Mhóráin ag léamh.

"Mo chéad lá ar scoil," a léann sí...

Ach is ag smaoineamh ar Mhamaí agus
ar a deartháirín nua atá Mairéad.

Ansin...

Tap... Tap... Tap...

Tá duine éigin ag bualadh ar an bhfuinneog.

"Féachaigí, a pháisti," a deir Bean Uí Mhóráin.

Iompaíonn gach duine thart.

Cé atá ag an bhfuinneog ach Mamaí agus beart beag bídeach ina baclainn aici!

"A Mhairéad, oscail an doras do na cuairteoirí, le do thoil," arsa Bean Uí Mhóráin.

Tá gach duine ag déanamh iontais de Chormac
agus nach í Mairéad atá sásta.

"Seo é an chéad lá ar scoil is fearr riamh!"
a deir sí.

críoch